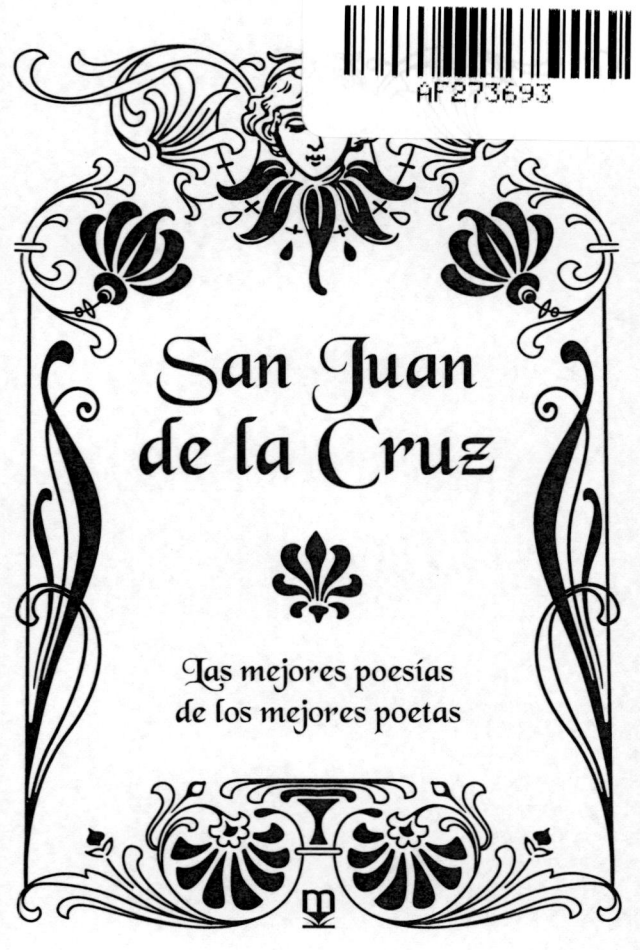

San Juan
de la Cruz

Las mejores poesías
de los mejores poetas

Diseño, maquetación e impresión:
Gráficas MAXTOR
Fray Luis de León, 20
47002 Valladolid
Tel.: 983 090 110
pedidos@maxtor.es
www.maxtor.es

I.S.B.N. : 978-84-1171-072-5

Depósito Legal : DL VA 318-2024

SAN JUAN DE LA CRUZ

Su verdadero nombre era Juan de Yepes y nació el 24 de junio de 1542 en Fontiveros, pequeño pueblo abulense perteneciente a Castilla y León. Murió su padre cuando Juan tenía seis años; a los nueve años, se trasladó con su madre al abulense pueblo de Medina del Campo, en donde a los 17 años, ingresa en un colegio de jesuitas para estudiar humanidades. En 1563 toma los hábitos de la orden religiosa Carmelita, adoptando el nuevo nombre de fray Juan de san Matías; al año siguiente se traslada a Salamanca para cursar estudios de teología en su célebre universidad. En el año 1567 es ordenado sacerdote, y adopta el nuevo y definitivo nombre de Juan de la Cruz. Su ilustre paisana de Ávila, Teresa de Jesús, trabó gran amistad con él y le integró en el movimiento de la reforma carmelita que ella había iniciado. En 1568 Juan de la Cruz fundó el primer convento de Carmelitas Descalzos, los cuales practicaban a ultranza la contemplación y la austeridad. Unos años después, 1577, sus intentos reformistas de las órdenes monásticas, le llevaron a sufrir 9 meses de dura prisión en un convento de Toledo, acusado de apóstata. De su cautiverio en aquella cárcel-convento de Toledo, nace la composición de su obra cumbre: *Cántico espiritual*. En otras poesías se puede llegar a entrever en lenguaje subliminal, el relato que hace de su astuta y sorprendente huida en la madrugada del 15 de agosto de 1578, estando la fortaleza sobre un peligroso acantilado sobre el Tajo profundo que ciñe a Toledo. Para huir de la prisión conventual toledana, contó con las influencias que ejerció su paisana Teresa de Jesús, ante la duquesa de Alba. Con su huida dio en refugiarse en un convento de Jaén y continuó con la reforma carmelitana, fundando varios conventos por Andalucía. Siguió con su obstinación de la reforma, lo que le llevó a enfrentamientos con la jerarquía religiosa y a sufrir nueva prisión en el convento de la Peñuela, en plena Sierra Morena, en donde culminó la escritura de sus principales obras literarias. Cuando por fin es excarcelado y se dispone a cumplir con el traslado que se le impone a América, el 14 de diciembre de 1591, muere a la edad de 49 años.

COPLAS DEL ALMA QUE PENA POR VER A DIOS

Vivo sin vivir en mí
y de tal manera espero,
que muero porque no muero.

En mí yo no vivo ya,
y sin Dios vivir no puedo;
pues sin él y sin mí quedo,
este vivir ¿qué será?
Mil muertes se me hará,
pues mi misma vida espero,
muriendo porque no muero.

Esta vida que yo vivo
es privación de vivir;
y así, es continuo morir
hasta que viva contigo.
Oye, mi Dios, lo que digo:
que esta vida no la quiero,
que muero porque no muero.

Estando ausente de ti
¿qué vida puedo tener,
sino muerte padecer
la mayor que nunca vi?
Lástima tengo de mí,
pues de suerte persevero,
que muero, porque no muero.

El pez que del agua sale
aun de alivio no carece,
que en la muerte que padece
al fin la muerte le vale.
¿Qué muerte habrá que se iguale
a mi vivir lastimero,
pues si más vivo más muero?

Cuando me pienso aliviar
de verte en el Sacramento,
háceme más sentimiento
el no te poder gozar;
todo es para más penar
por no verte como quiero,
y muero porque no muero.

Y si me gozo, Señor,
con esperanza de verte,
en ver que puedo perderte
se me dobla mi dolor;
viviendo en tanto pavor
y esperando como espero,
muérome porque no muero.

¡Sácame de aquesta muerte
mi Dios, y dame la vida;
no me tengas impedida
en este lazo tan fuerte;
mira que peno por verte,
y mi mal es tan entero,
que muero porque no muero.

Lloraré mi muerte ya
y lamentaré mi vida,
en tanto que detenida
por mis pecados está.
¡Oh mi Dios!, ¿cuándo será
cuando yo diga de vero:
vivo ya porque no muero?

NOCHE OSCURA

En una noche oscura,
con ansias en amores inflamada,
¡oh dichosa ventura!,
salí sin ser notada,
estando ya mi casa sosegada.

A oscuras y segura
por la secreta escala, disfrazada,
¡oh dichosa ventura!,
a escuras y en celada,
estando ya mi casa sosegada.

En la noche dichosa,
en secreto, que nadie me veía
ni yo miraba cosa,
sin otra luz y guía
sino la que en el corazón ardía.

Aquesta me guiaba
más cierto que la luz del mediodía,
adonde me esperaba
quien yo bien me sabía,
en parte donde nadie parecía.

¡Oh noche, que guiaste;
oh noche amable más que el alborada;
oh noche que juntaste
Amado con amada,
amada, con el Amado transformada!

En mi pecho florido,
que entero para él solo se guardaba,
allí quedó dormido,
y yo le regalaba
y el ventalle de cedros aire daba.

El aire del almena,
cuando yo sus cabellos esparcía,
con su mano serena
en mi cuello hería
y todos mis sentidos suspendía.

Quedéme y olvidéme,
el rostro recliné sobre el Amado;
cesó todo y dejéme,
dejando mi cuidado
entre las azucenas olvidado.

LLAMA DE AMOR VIVA

¡Oh llama de amor viva
que tiernamente hieres
de mi alma en el más profundo centro!
Pues ya no eres esquiva
acaba ya si quieres,
¡rompe la tela de este dulce encuentro!

¡Oh cauterio suave!
¡Oh regalada llaga!
¡Oh mano blanda! ¡Oh toque delicado
que a vida eterna sabe
y toda deuda paga!
Matando, muerte en vida has trocado.

¡Oh lámparas de fuego
en cuyos resplandores
las profundas cavernas del sentido,
que estaba oscuro y ciego,
con estraños primores
calor y luz dan junto a su querido!

¡Cuán manso y amoroso
recuerdas en mi seno
donde secretamente solo moras,
y en tu aspirar sabroso
de bien y gloria lleno,
cuán delicadamente me enamoras!

COPLAS DEL MISMO, HECHAS SOBRE UN ÉXTASIS DE HARTA CONTEMPLACIÓN

Y quedéme no sabiendo,
toda ciencia trascendiendo.
Entréme donde no supe:

Yo no supe dónde estaba,
pero, cuando allí me vi,
sin saber dónde me estaba,
grandes cosas entendí;
no diré lo que sentí,
que me quedé no sabiendo,
toda ciencia trascendiendo.

De paz y de piedad
era la ciencia perfecta,
en profunda soledad
entendida, vía recta;
era cosa tan secreta,
que me quedé balbuciendo,
toda ciencia trascendiendo.

Estaba tan embebido,
tan absorto y ajenado,
que se quedó mi sentido
de todo sentir privado,
y el espíritu dotado
de un entender no entendiendo.
toda ciencia trascendiendo.

El que allí llega de vero
de sí mismo desfallece;
cuanto sabía primero
mucho bajo le parece,
y su ciencia tanto crece,
que se queda no sabiendo,
toda ciencia trascendiendo.

Cuanto más alto se sube,
tanto menos se entendía,
que es la tenebrosa nube
que a la noche esclarecía:
por eso quien la sabía
queda siempre no sabiendo,
toda ciencia trascendiendo.

Este saber no sabiendo
es de tan alto poder,
que los sabios arguyendo
jamás le pueden vencer;
que no llega su saber
a no entender entendiendo,
toda ciencia trascendiendo.

Y es de tan alta excelencia
aqueste sumo saber,
que no hay facultad ni ciencia
que la puedan emprender;
quien se supiere vencer
con un no saber sabiendo,
irá siempre trascendiendo.

Y, si lo queréis oír,
consiste esta suma ciencia
en un subido sentir
de la divinal esencia;
es obra de su clemencia
hacer quedar no entendiendo,
toda ciencia trascendiendo.

OTRAS DEL MISMO A LO DIVINO

Tras de un amoroso lance,
y no de esperanza falto,
subí tan alto tan alto,
que le di a la caza alcance.

Para que yo alcance diese
a aqueste lance divino,
tanto volar me convino
que de vista me perdiese;
y, con todo, en este trance
en el vuelo quedé falto;
mas el amor fue tan alto
que le di a la caza alcance.

Cuando más alto subía
deslumbróseme la vista,
y la más fuerte conquista
en oscuro se hacía;
mas, por ser de amor el lance,
di un ciego y oscuro salto,
y fui tan alto tan alto
que le di a la caza alcance.

Por una extraña manera
mil vuelos pasé de un vuelo,
porque esperanza del cielo
tanto alcanza cuanto espera;
esperé solo este lance
y en esperar no fui falto,
pues fui tan alto tan alto
que le di a la caza alcance.

Cuando más cerca llegaba
de este lance tan subido,
tanto más bajo y rendido
y abatido me hallaba;
dixe: «No habrá quien lo alcance».

Abatime tanto tanto
que fui tan alto tan alto
que le di a la caza alcance.

GLOSA DEL MISMO

Sin arrimo y con arrimo,
sin luz y oscuras viviendo,
toda me voy consumiendo.

Mi alma está desasida
de toda cosa criada,
y sobre sí levantada,
y en una sabrosa vida
solo en su Dios arrimada.

Por eso ya se dirá
la cosa que más estimo,
que mi alma se ve ya
sin arrimo y con arrimo.

Y, aunque tinieblas padezco
en esta vida mortal,
no es tan crecido mi mal,
porque, si de luz carezco,
tengo vida celestial;
porque el amor de tal vida,
cuando más ciego va siendo,
que tiene al alma rendida
sin luz y a oscuras viviendo.

Hace tal obra el amor
después que le conocí,
que si hay bien o mal en mí,
todo lo hace de un sabor
y al alma transforma en sí;
y así, en su llama sabrosa,
la cual en mí estoy sintiendo,
apriesa, sin quedar cosa,
todo me voy consumiendo.

CANTAR DEL ALMA QUE SE GOZA DE CONOCER A DIOS POR FE

Qué bien sé yo la fonte que mana y corre,
aunque es de noche.

Aquella eterna fonte está escondida,
que bien sé yo do tiene su manida,
aunque es de noche.

Su origen no lo sé, pues no le tiene,
mas sé que todo origen de ella tiene,
aunque es de noche.

Sé que no puede ser cosa tan bella,
y que cielos y tierra beben de ella,
aunque es de noche.

Bien sé que suelo en ella no se halla,
y que ninguno puede vadealla,
aunque es de noche.

Su claridad nunca es oscurecida,
y sé que toda luz de ella es venida,
aunque es de noche.

Sé ser tan caudalosos sus corrientes.
que infiernos, cielos riegan y las gentes,
aunque es de noche.

El corriente que nace de esta fuente
bien sé que es tan capaz y omnipotente,
aunque es de noche.

El corriente que de estas dos procede
sé que ninguna de ellas le precede,
aunque es de noche.

Aquesta eterna fonte está escondida
en este vivo pan por darnos vida,
aunque es de noche.

Aquí se está llamando a las criaturas,
y de esta agua se hartan, aunque a oscuras
porque es de noche.

Aquesta viva fuente que deseo,
en este pan de vida yo la veo,
aunque es de noche.

OTRAS A LO DIVINO DE CRISTO
Y EL ALMA DEL MISMO

Un pastorcico solo está penado,
ajeno de placer y de contento,
y en su pastora firme el pensamiento,
y el pecho del amor muy lastimado.

No llora por haberle amor llagado,
que no se pena en verse así afligido,
aunque en el corazón está herido;
mas llora por pensar que está olvidado.

Que solo de pensar que está olvidado
de su bella pastora, con gran pena
se deja maltratar en tierra ajena,
el pecho del amor muy lastimado.

Y dice el pastorcico: «¡Ay, desdichado
de aquel que de mi amor ha hecho ausencia
y no quiere gozar la mi presencia,
el pecho por su amor muy lastimado!».

Y a cabo de un gran rato se ha encumbrado
sobre un árbol, do abrió sus brazos bellos,
y muerto se ha quedado asido dellos,
el pecho del amor muy lastimado.

CANCIONES ENTRE EL ALMA Y EL ESPOSO

Esposa

¿Adónde te escondiste,
Amado, y me dejaste con gemido?
Como el ciervo huiste,
habiéndome herido;
salí tras ti clamando, y eras ido.

Pastores, los que fuerdes
allá por las majadas al otero:
si por ventura vierdes
aquel que yo más quiero,
decidle que adolezco, peno y muero.

Buscando mis amores,
iré por esos montes y riberas;
ni cogeré las flores,
ni temeré las fieras,
y pasaré los fuertes y fronteras.

Pregunta a las criaturas

¡Oh bosques y espesuras,
plantadas por la mano del Amado!
¡Oh prado de verduras,
de flores esmaltado!
Decid si por vosotros ha pasado.

Respuesta de las criaturas

Mil gracias derramando
pasó por estos Sotos con presura,
e, yéndolos mirando,
con sola su figura
vestidos los dejó de su hermosura.

Esposa

¡Ay, quién podrá sanarme!
Acaba de entregarte ya de vero:
no quieras enviarme
de hoy más ya mensajero,
que no saben decirme lo que quiero.

Y todos cuantos vagan
de ti me van mil gracias refiriendo,
y todos más me llagan,
y déjame muriendo
un no sé qué que quedan balbuciendo.

Mas ¿cómo perseveras,
¡oh vida!, no viviendo donde vives,
y haciendo porque mueras
las flechas que recibes
de lo que del Amado en ti concibes?

¿Por qué, pues has llagado
aqueste corazón, no le sanaste?
Y, pues me le has robado,
¿por qué así le dejaste,
y no tomas el robo que robaste?

Apaga mis enojos,
pues que ninguno basta a deshacellos,
y véante mis ojos,
pues eres lumbre dellos,
y sólo para ti quiero tenellos.

¡Oh cristalina fuente,
si en esos tus semblantes plateados
formases de repente
los ojos deseados
que tengo en mis entrañas dibujados!

¡Apártalos, Amado,
que voy de vuelo!

El Esposo

Vuélvete, paloma,
que el ciervo vulnerado
por el otero asoma
al aire de tu vuelo, y fresco toma.

La Esposa

Mi Amado, las montañas,
los valles solitarios nemorosos,
las ínsulas extrañas,
los ríos sonorosos,
el silbo de los aires amorosos,

la noche sosegada
en par de los levantes del aurora,
la música callada,
la soledad sonora,
la cena que recrea y enamora.

Nuestro lecho florido,
de cuevas de leones enlazado,
en púrpura tendido,
de paz edificado,
de mil escudos de oro coronado.

A zaga de tu huella
las jóvenes discurren al camino,
al toque de centella,
al adobado vino,
emisiones de bálsamo divino.

En la interior bodega
de mi Amado bebí, y cuando salía
por toda aquesta vega,
ya cosa no sabía;
y el ganado perdí que antes seguía.

Allí me dio su pecho,
allí me enseñó ciencia muy sabrosa;
y yo le di de hecho
a mí, sin dejar cosa:
allí le prometí de ser su Esposa.

Mi alma se ha empleado,
y todo mi caudal en su servicio;
ya no guardo ganado,
ni ya tengo otro oficio,
que ya sólo en amar es mi ejercicio.

Pues ya si en el ejido
de hoy más no fuere vista ni hallada,
diréis que me he perdido;
que, andando enamorada,
me hice perdidiza, y fui ganada.

De flores y esmeraldas,
en las frescas mañanas escogidas,
haremos las guirnaldas
en tu amor florecidas
y en un cabello mío entretejidas.

En solo aquel cabello
que en mi cuello volar consideraste,
mirástele en mi cuello,
y en él preso quedaste,
y en uno de mis ojos te llagaste.

Cuando tú me mirabas
su gracia en mí tus ojos imprimían;
por eso me adamabas,
y en eso merecían
los míos adorar lo que en ti vían.

No quieras despreciarme,
que, si color moreno en mi hallaste,
ya bien puedes mirarme
después que me miraste,
que gracia y hermosura en mi dejaste.

Cogednos las raposas,
que está ya florecida nuestra viña,
en tanto que de rosas
hacemos una piña,
y no parezca nadie en la montiña.

Detente, cierzo muerto;
ven, austro, que recuerdas los amores,
aspira por mi huerto,
y corran sus olores,
y pacerá el Amado entre las flores.

Esposo

Entrado se ha la esposa
en el ameno huerto deseado,
y a su sabor reposa,
el cuello reclinado
sobre los dulces brazos deI Amado.

Debajo del manzano,
allí conmigo fuiste desposada.
allí te di la mano,
y fuiste reparada
donde tu madre fuera violada.

A las aves ligeras,
leones, ciervos, gamos saltadores,
montes, valles, riberas,
aguas, aires, ardores
y miedos de las noches veladores,
Por las amenas liras
y canto de serenas os conjuro
que cesen vuestras iras,
y no toquéis al muro,
porque la esposa duerma más seguro.

Esposa

¡Oh ninfas de Judea!
en tanto que en las flores y rosales
el ámbar perfumea,
morá en los arrabales,
y no queráis tocar nuestros umbrales

Escóndete, Carillo,
y mira con tu haz a las montañas,
y no quieras decillo;
mas mira las compañas
de la que va por ínsulas extrañas

Esposo

La blanca palomica
al arca con el ramo se ha tornado
y ya la tortolica
al socio deseado
en las riberas verdes ha hallado.

En soledad vivía,
y en soledad ha puesto ya su nido,
y en soledad la guía
a solas su querido,
también en soledad de amor herido.

Esposa

Gocémonos, Amado,
y vámonos a ver en tu hermosura
al monte o al collado
do mana el agua pura;
entremos más adentro en la espesura.

Y luego a las subidas
cavernas de la piedra nos iremos,
que están bien escondidas,
y allí nos entraremos,
y el mosto de granadas gustaremos

Allí me mostrarías
aquello que mi alma pretendía,
y luego me darías
allí, tú, vida mía,
aquello que me diste el otro día:

El aspirar del aire,
el canto de la dulce Filomena,
el soto y su donaire,
en la noche serena,
con llama que consume y no da pena

Que nadie lo miraba,
Aminadab tampoco parecía,
y el cerco sosegaba,
y la caballería
a vista de las aguas descendía.

GLOSA A LO DIVINO. DEL MISMO AUTOR

Por toda la hermosura
nunca yo me perderé,
sino por un no sé qué
que se alcanza por ventura.

Sabor de bien, que es finito,
lo más que puede llegar
es cansar el apetito
y estragar el paladar;
y así, por toda dulzura
nunca yo me perderé,
sino por un no sé qué
que se halla por ventura.

El corazón generoso
nunca cura de parar
donde se puede pasar,
si no en más dificultoso;
nada le causa hartura,
y sube tanto su fe,
que gusta de un no sé qué
que se halla por ventura.

El que de amor adolece,
del divino ser tocado,
tiene el gusto tan trocado
que a los gustos desfallece;
como el que con calentura
fastidia el manjar que ve
y apetece un no sé qué
que se halla por ventura.

No os maravilléis de aquesto,
que el gusto se quede tal,
porque es la causa del mal
ajena de todo el resto;
y así, toda criatura
enajenada se ve,
y gusta de un no sé qué
que se halla por ventura.

Que estando la voluntad
de Divinidad tocada,
no puede quedar pagada
sino con Divinidad;
mas, por ser tal su hermosura
que solo se ve por fe,
gústala en un no sé qué
que se halla por ventura.

Pues de tal enamorado
decidme si habréis dolor,
pues que no tiene sabor
entre todo lo criado;
solo sin forma y figura,
sin hallar arrimo y pie,
gustando allá un no sé qué
que se halla por ventura.

No penséis que el interior,
que es de mucha más valía,
halla gozo y alegría
en lo que acá da sabor;
mas, sobre toda hermosura,
y lo que es y será y fue,
gusta de allá un no sé qué
que se halla por ventura.

Más emplea su cuidado
quien se quiere aventajar
en lo que está por ganar
que en lo que tiene ganado;
y así, para más altura,
yo siempre me inclinaré
sobre todo a un no sé qué
que se halla por ventura.

Por lo que por el sentido
puede acá comprehenderse
y todo lo que entenderse,
aunque sea muy subido,
ni por gracia y hermosura
yo nunca me perderé,
sino por un no sé qué
que se halla por ventura.

ROMANCES SOBRE EL EVANGELIO «IN PRINCIPIO ERAT VERBUM» ACERCA DE LA SANTÍSIMA TRINIDAD

En el principio moraba
El Verbo, y en Dios vivía,
en quien su felicidad
infinita poseía.

El mismo Verbo Dios era,
que el principio se decía;
Él moraba en el principio,
y principio no tenía.

El era el mismo principio;
por eso de él carecía.
El Verbo se llama Hijo,
que del principio nacía;
hale siempre concebido
y siempre le concebía;

dale siempre su sustancia,
y siempre se la tenía.

Y así la gloria del Hijo
es la que en el Padre había
y toda su gloria el Padre

en el Hijo poseía.
Como amado en el amante
uno en otro residía,
y aquese amor que los une
en lo mismo convenía

con el uno y con el otro
en igualdad y valía.
Tres Personas y un amado
entre todos tres había,
y un amor en todas ellas

y un amante las hacía,
y el amante es el amado
en que cada cual vivía;
que el ser que los tres poseen
cada cual le poseía,

y cada cual de ellos ama
a la que este ser tenía.

Este ser es cada una,
y éste solo las unía
en un inefable nudo

que decir no se sabía;
por lo cual era infinito
el amor que las unía,
porque un solo amor tres tienen
que su esencia se decía;

que el amor cuanto más uno,
tanto más amor hacía.

De la comunicación de las tres personas

En aquel amor inmenso
que de los dos procedía,
palabras de gran regalo

el Padre al Hijo decía,
de tan profundo deleite,
que nadie las entendía;
sólo el Hijo lo gozaba,
que es a quien pertenecía.

Pero aquello que se entiende
de esta manera decía:
Nada me contenta, Hijo,
fuera de tu compañía;
y si algo me contenta,

en ti mismo lo quería.
El que a ti más se parece
a mi más satisfacía,
y el que en nada te semeja
en mí nada hallaría.

En ti solo me he agradado,
¡Oh vida de vida mía!
Eres lumbre de mi lumbre,
eres mi sabiduría,
figura de mi sustancia,

en quien bien me complacía.
Al que a ti te amare, Hijo,
a mí mismo le daría,
y el amor que yo en ti tengo
ese mismo en él pondría,
en razón de haber amado
a quien yo tanto quería.

DE LA CREACIÓN

Una esposa que te ame,
mi Hijo, darte quería,
que por tu valor merezca

tener nuestra compañía
y comer pan a una mesa,
del mismo que yo comía,
porque conozca los bienes
que en tal Hijo yo tenía,

y se congracie conmigo
de tu gracia y lozanía.
Mucho lo agradezco, Padre,
el Hijo le respondía;
a la esposa que me dieres

yo mi claridad daría,
para que por ella vea
cuánto mi Padre valía,
y cómo el ser que poseo
de su ser le recibía.

Reclinarla he yo en mi brazo,
y en tu ardor se abrasaría,
y con eterno deleite
tu bondad sublimaría.

PROSIGUE

Hágase, pues —dijo el Padre—,

que tu amor lo merecía;
y en este dicho que dijo,
el mundo criado había
palacio para la esposa
hecho en gran sabiduría;

el cual en dos aposentos,
alto y bajo. dividía.
El bajo de diferencias
infinitas componía;
mas el alto hermoseaba

de admirable pedrería,
porque conozca la esposa
el Esposo que tenía.
En el alto colocaba
la angélica jerarquía;

pero la natura humana
en el bajo la ponía,
por ser en su compostura
algo de menor valía.
Y aunque el ser y los lugares

de esta suerte los partía,
pero todos son un cuerpo
de la esposa que decía;
que el amor de un mismo Esposo
una esposa los hacía.

Los de arriba poseían
el Esposo en alegría;
los de abajo, en esperanza
de fe que les infundía,
diciéndoles que algún tiempo

él los engrandecería.
y que aquella su bajeza
él se la levantaría
de manera que ninguno
ya la vituperaría;

porque en todo semejante
él a ellos se haría
y se vendría con ellos,
y con ellos moraría;
y que Dios sería hombre,

y que el hombre Dios sería,
y trataría con ellos,
comería y bebería;
y que con ellos contino
él mismo se quedaría,

hasta que se consumase
este siglo que corría,
cuando se gozaran juntos
en eterna melodía;
porque él era la cabeza

de la esposa que tenía,
a la cual todos los miembros
de los justos juntaría.
que son cuerpo de la esposa,
a la cual él tomaría

en sus brazos tiernamente,
y allí su amor la diría;
y que, así juntos en uno,
al Padre la llevaría,
donde del mismo deleite

que Dios goza, gozaría;
que, como el Padre y el Hijo,
y el que de ellos procedía
el uno vive en el otro,
así la esposa sería,

que, dentro de Dios absorta,
vida de Dios viviría.

PROSIGUE

Con esta buena esperanza
que de arriba les venía,
el tedio de sus trabajos

más leve se les hacía;
pero la esperanza larga
y el deseo que crecía
de gozarse con su Esposo
contino les afligía;

por lo cual con oraciones,
con suspiros y agonía,
con lágrimas y gemidos
le rogaban noche y día
que ya se determinase

a les dar su compañía.
Unos decían: ¡Oh si fuese
en mi tiempo el alegría!
Otros: ¡Acaba, Señor;
al que has de enviar, envía!

Otros: ¡Oh si ya rompieses
esos cielos, y vería
con mis ojos que bajases,
y mi llanto cesaría!
¡Regad, nubes, de lo alto,

que la tierra lo pedía,
y ábrase ya la tierra,
que espinas nos producía,
y produzca aquella flor
con que ella florecería!

Otros decían: ¡Oh dichoso
el que en tal tiempo sería,
que merezca ver a Dios
con los ojos que tenía,
y tratarle con sus manos,

y andar en su compañía,
y gozar de los misterios
que entonces ordenaría!

PROSIGUE

En aquestos y otros ruegos
gran tiempo pasado había;

pero en los postreros años
el fervor mucho crecía,
cuando el viejo Simeón
en deseo se encendía,
rogando a Dios que quisiese

dejalle ver este día.
Y así, el Espíritu Santo
al buen viejo respondía;
Que le daba su palabra
que la muerte no vería

hasta que la vida viese
que de arriba descendía.
y que él en sus mismas manos
al mismo Dios tomaría,
y le tendría en sus brazos
y consigo abrazaría.

Prosigue la Encarnación

Ya que el tiempo era llegado
en que hacerse convenía
el rescate de la esposa,
que en duro yugo servía

debajo de aquella ley
que Moisés dado le había,
el Padre con amor tierno
de esta manera decía:
—Ya ves, Hijo, que a tu esposa

a tu imagen hecho había,
y en lo que a ti se parece
contigo bien convenía;
pero difiere en la carne
que en tu simple ser no había

En los amores perfectos
esta ley se requería:
que se haga semejante
el amante a quien quería;
que la mayor semejanza

más deleite contenía;
el cual, sin duda, en tu esposa
grandemente crecería
si te viere semejante
en la carne que tenía.

Mi voluntad es la tuya
—el Hijo le respondía—,
y la gloria que yo tengo
es tu voluntad ser mía,
y a mí me conviene, Padre,

lo que tu Alteza decía,
porque por esta manera
tu bondad más se vería;
veráse tu gran potencia,
justicia y sabiduría;

irélo a decir al mundo
y noticia le daría
de tu belleza y dulzura
y de tu soberanía.
Iré a buscar a mi esposa,

y sobre mí tomaría
sus fatigas y trabajos,
en que tanto padecía;
y porque ella vida tenga,
yo por ella moriría,
y sacándola del lago
a ti te la volvería.

PROSIGUE

Entonces llamó a un arcángel
que san Gabriel se decía,
y envióle a una doncella

que se llamaba María,
de cuyo consentimiento
el misterio se hacía;
en la cual la Trinidad
de carne al Verbo vestía;

y aunque tres hacen la obra,
en el uno se hacía;
y quedó el Verbo encarnado
en el vientre de María.
Y el que tenia sólo Padre,

ya también Madre tenía,
aunque no como cualquiera
que de varón concebía,
que de las entrañas de ella
él su carne recibía;

por lo cual Hijo de Dios
y del hombre se decía.

DEL NACIMIENTO

Ya que era llegado el tiempo
en que de nacer había,
así como desposado

de su tálamo salía
abrazado con su esposa,

que en sus brazos la traía,
al cual la graciosa Madre
en un pesebre ponía,

entre unos animales
que a la sazón allí había.
Los hombres decían cantares,
los ángeles melodía,
festejando el desposorio

que entre tales dos había.
Pero Dios en el pesebre
allí lloraba y gemía,
que eran joyas que la esposa

Y la Madre estaba en pasmo
de que tal trueque veía:
el llanto del hombre en Dios,
y en el hombre la alegría,
lo cual del uno y del otro
tan ajeno ser solía.

SUPER FLUMINA BABYLONIS

Encima de las corrientes
que en Babilonia hallaba,
allí me senté llorando,
allí la tierra regaba,

acordándome de ti,
¡Oh Sión!, a quien amaba.
Era dulce tu memoria,
y con ella más lloraba.
Dejé los trajes de fiesta,

los de trabajo tomaba,
y colgué en los verdes sauces
la música que llevaba,
poniéndola en esperanza
de aquello que en ti esperaba.

Allí me hirió el amor,
y el corazón me sacaba.
Díjele que me matase,
pues de tal suerte llagaba;
yo me metía en su fuego,

sabiendo que me abrasaba,
disculpando al avecica
que en el fuego se acababa.
Estábame en mí muriendo,
y en ti sólo respiraba,

en mí por ti me moría,
y por ti resucitaba,
que la memoria de ti
daba vida y la quitaba.
Gozábanse los extraños

entre quien cautivo estaba;
preguntábanme cantares
de lo que en Sión cantaba:
Canta de Sión un himno,
veamos cómo sonaba.

Decid, ¿cómo en tierra ajena
donde por Sión lloraba,
cantaré yo la alegría
que en Sión se me quedaba?
Echaríala en olvido

si en la ajena me gozaba.
Con mi paladar se junte
la lengua con que hablaba,
si de ti yo me olvidare,
en la tierra do moraba.

¡Sión, por los verdes ramos
que Babilonia me daba,
de mí se olvide mi diestra,
que es lo que en ti más amaba,
si de ti no me acordare,

en lo que más me gozaba,
y si yo tuviere fiesta
y sin ti la festejaba!
¡Oh hija de Babilonia,
mísera y desventurada!

Bienaventurado era
aquél en quien confiaba,
que te ha de dar el castigo
que de tu mano llevaba,
y juntará sus pequeños,

y a mí, porque en ti lloraba,
a la piedra, que era Cristo,
por el cual yo te dejaba.

Las mejores poesías de los mejores poetas

1. Hafiz de Shiraz
2. Alfred de Musset
3. Quinto Horacio Flaco
4. William Shakespeare
5. Giosuè Carducci
6. Percy B. Shelley
7. Alphonse de Lamartine
8. William Wordsworth
9. Vicente W. Querol
10. Victor Hugo
11. Gabriela Mistral
12. Dante Alighieri
13. A. Gomes Leal
14. Fray Luis de León
15. Giacomo Leopardi
16. Gabriele D'Annunzio
17. Federico García Lorca
18. Antonio Machado
19. Jorge Manrique
20. Juan Ramón Jiménez
21. Paul Verlaine
22. Miguel Hernández
23. San Juan de la Cruz
24. Rainer Maria Rilke
25. Gustavo Adolfo Bécquer
26. Fernando Pessoa
27. Garcilaso de la Vega
28. Alfonsina Storni